美国心理学会情绪管理自助读物

成长中的心灵需要关怀 • 属于孩子的心理自助读物

我敢举手回答问题了

克服社交恐惧，建立自信心

The Tallest Bridge in the World

A Story for Children About Social Anxiety

（美）埃伦·弗拉纳根·彭斯（Ellen Flanagan Burns）著

（英）安东尼·刘易斯（Anthony Lewis）绘

文辰　译

化学工业出版社

·北京·

The Tallest Bridge in the World: A Story for Children About Social Anxiety, by Ellen Flanagan Burns, illustrated by Anthony Lewis.

ISBN 978 - 1 - 4338 - 2760 - 0

Copyright © 2017 by Magination Press, an imprint of the American Psychological Association.

北京市版权局著作权合同登记号：01 - 2022 - 1024

图书在版编目（CIP）数据

我敢举手回答问题了：克服社交恐惧，建立自信心 /（美）埃伦·弗拉纳根·彭斯（Ellen Flanagan Burns）著；（英）安东尼·刘易斯（Anthony Lewis）绘；文辰译 . —北京：化学工业出版社，2022 . 4（2023 . 5 重印）

（美国心理学会情绪管理自助读物）

书名原文：The Tallest Bridge in the World: A Story for Children About Social Anxiety

ISBN　978 - 7 - 122 - 40686 - 6

I.①我… II.①埃… ②安… ③文… III.①心理交往 - 儿童读物 IV.①C 912 . 11 - 49

中国版本图书馆 CIP 数据核字（2022）第 072148 号

责任编辑：郝付云　肖志明　　　　　　装帧设计：大千妙象
责任校对：边　涛

出版发行：化学工业出版社（北京市东城区青年湖南街13号　邮政编码100011）
印　　装：中煤（北京）印务有限公司
710mm×1000mm　1/16　印张5　字数50千字　2023年5月北京第1版第2次印刷

购书咨询：010-64518888　　　　　　售后服务：010-64518899
网　　址：http://www.cip.com.cn
凡购买本书，如有缺损质量问题，本社销售中心负责调换。

定　　价：29.80元　　　　　　　　　　　　　　　　版权所有　违者必究

给小读者的一封信

亲爱的小读者：

你知道吗？其实很多人都会害羞。我们这本书里的主人公托马斯，也是一个特别容易害羞的孩子。我了解害羞的感觉，因为我也有过害羞的时候。我经常会想："别人会怎么看我？""我是不是看起来很傻？"这些想法让我很烦恼，很紧张，以致我都会回避一些好玩的社交场合。

托马斯在班里和餐馆点餐的时候都会紧张，他也不知道为什么。他发现别人都不像他在众人面前做事时那样紧张。比如同学帕特里克，虽然很害羞，但是有时候也会积极地举手回答问题。

为什么他就不敢在课堂上举手回答问题呢？

了解哪些想法会让我们感到紧张，哪些想法会让我们内心平静下来，这对我们非常有帮助。要知道，内心的想法会影响我们的感觉。当我们的想法积极有益时，我们就会更放松更快乐。接下来，我们看看困扰托马斯的一些想法。

大家都在认真仔细地看着我。不是这样子的。其实，没有人会一直认真仔细地观察我们，那需要耗费他人太多的精力。

事情要么是好要么是坏。不是这样子的。事情大多时候就是不好也不坏，所有事情不是只有好和坏两个方面。

错误常常让人很尴尬。不是这样子的。错误是非常正常的，事实上，错误并没有你想象得那么严重。我们每个人都有犯错的时候。

在别人面前要隐藏我们的不足和爱好。不是这样子的。没有人会拿着放大镜来观察我们的不足。我们要学会接纳自己。有时候，我们恰恰会因为一些共同的爱好而跟别人交朋友。

罗丝是一名心理咨询师，在了解了托马斯的想法后，她教给托马斯很多克服害羞和焦虑的办法。托马斯甚至自己也找到了一个新办法。你也可以试试这些办法。托马斯鼓起勇气尝试了这些办法，发现他已经没有之前那么紧张了。他尝试的次数越多，就越容易放松下来。托马斯终于可以摆脱放大镜的困扰，享受学习和生活的乐趣了。

有了这些方法，再加上积极尝试，你也可以跟托马斯一样！

你的朋友　埃伦

目录

第一章

不敢举手回答问题

"正式上课前，我们先温习一下几道数学题目。"数学老师克拉克一边对同学们说，一边在黑板上出了几道数学题目。托马斯马上开始思考这几道数学题，他喜欢数学，也喜欢尝试解答新题目。不过，他身体的"老毛病"又犯了，他能感觉到自己的脸很热，可能又变得很红了，手心冒汗，心也怦怦跳得很快，他知道他又感到紧张了。过了几分钟，克拉克老师问哪位同学愿意到黑板前解答数学问题，可以举手。

托马斯不敢举手，他在课堂上从来不敢举

手回答问题。他害怕同学们看着他，这让他很不舒服。"我希望老师不会点名让我去。"他想，即使他会做这些数学题。托马斯想，如果他这时候会隐身就好了。

他偷偷看了一下周围的同学们，其他人看起来都很好。就连帕特里克看起来也没事，而帕特里克是很容易就害羞的。托马斯很想知道，为什么他会如此紧张害羞？为什么他害怕去黑板前解答数学题目？他希望别人看不见他的紧张害怕。这让他感觉很不好意思。

托马斯很走运，班里好多同学都积极举手，很渴望去黑板前给同学们展示如何解答数学题目。数学老师选择了帕特里克——总是安安静静的帕特里克！"天啊，不会吧？！"托马斯想，"帕特里克走到黑板前，他估计会和我一样。"托马斯想象着帕特里克红着脸紧张说话的样子，他可能会说得很快，这样子就能早点说完，早点回到座位上来。可是，这些事情都没有发生，帕特里克的表现跟平时一样。

接下来，数学老师又让比尔去黑板前解答数学题目。比尔大大方方地走到黑板前给大家讲解题目，好像全班同学都是他的朋友一样。即使比尔把题目都做错了，他也一点都没在意。托马斯很渴望自己能够像比尔一样，自信大方。

＊　＊　＊　＊

放学了，托马斯和比尔结伴回家。在家门口，托马斯妈妈正在整理花园。一阵微风吹过大树，一片片秋叶闪烁着迷人的光彩。

"这些树叶让我想起来一幅水彩画，"托马斯妈妈说，"是不是特别美？"托马斯和比尔看了看周围如画的风景，不由自主地点头同意。

"以前一切都是绿色的呢。"托马斯说。

"没错。你们今天在学校过得怎么样？"托

马斯妈妈问。

"非常棒！"比尔回答。

托马斯耸了耸肩，说："就那样子吧。"他伸手抓住了一片落叶。他想把自己的感受告诉妈妈，但不知道该如何开口。

"游泳队下个月就开始报名了。"托马斯妈妈提醒道。

他们之前讨论过这次要加入冬季游泳队的，但是现在托马斯有点犹豫要不要参加。他不喜欢大家围在泳池边等待比赛，每个人都会盯着他看。如果他输掉了比赛，怎么办？如果他游泳姿势很难看，怎么办？这都会让他感觉非常尴尬。

"我迫不及待地想参加了。"比尔说，"托马斯，你参加吗？"

托马斯耸耸肩，吞吞吐吐地说："我还没想好。"

"参加游泳队很有趣的。"比尔说完，就回自己家了。托马斯坐在妈妈身边，看着妈妈栽好了一株黄色菊花。他想着游泳队的事情和学校的烦心事，一些小组作业马上就要开始了，他越想越焦虑不安。

"妈妈，我不喜欢去上学。"托马斯还是把内心的想法告诉了妈妈，"今年比去年还糟糕，我宁愿跟一群蛇玩，也不想去上学。"要知道，托马斯最讨厌蛇了，他这么说可以想象他有多么不愿意去学校。

妈妈停下手里的活，放下铲子，挨着托马斯坐下来。她也跟托马斯一样，本来希望今年的情况会比去年好。

"你怎么了？"妈妈问托马斯。

"当别人希望我做一些事情时，我感到非常紧张。"托马斯说。

托马斯做很多事情都会感到很紧张，甚至他喜欢做的事情也一样。他喜欢和朋友一起玩，但不是在生日聚会上。生日聚会总是让他感到不舒服，他要在大家面前玩游戏吗？他看起来是不是很傻？有时候他太紧张了，就不去参加生日聚会了。他喜欢和同学们一起玩，但是不喜欢参加小组的作业项目，这些作业会带给他很多压力，他表现得好不好？小组成员会如何看待他？他喜欢和家人一起去餐馆吃饭，但是他从来不点菜，因为点菜时服务员会盯着他看，他紧张得脸都红了。他看起来奇怪吗？他的声音好听吗？所以需要点菜的时候他通常会低头看桌子，幸运的是，妈妈会帮助他点菜。现在游泳队这件事……似乎是很有趣的，但是一想到万一输掉比赛，以及他紧张尴尬的"老毛病"，他就有点提不起劲儿来。

妈妈轻轻地对他说："我们每个人都有紧张不安的时候，我上学的时候，如果遇到不会的问题，我也很紧张。"

"可是，我即使知道如何解答问题，我还是会紧张不安。"托马斯说，"当我们必须进行小组讨论时，我都不知道该说什么。"可是，托马斯在不紧张的时候，他也知道该跟别人如何交流。

"你在担心什么呢？"妈妈问他。

"我也不知道。"托马斯说，"我感觉别人都在盯着我。"

托马斯的紧张不安已经有一段时间了。"有时候，我们感觉自己就像站在舞台上表演节目，担心观众会不喜欢我们。我们每个人都会有这种感觉的。"妈妈安慰托马斯，"我跟爸爸都会帮助你的，我们一起去见一下罗丝吧。她特别擅长帮助小朋友解决各种烦恼。"

托马斯很赞同妈妈的主意，可是他又紧张了，罗丝会怎么看他呢？会不会觉得他很笨呢？

第二章

放大镜

托马斯和爸爸妈妈去了罗丝的办公室，她的办公室干净整洁，里面摆放了很多书，还有一张桌子和几把椅子。罗丝摆放了六款形状和大小不一样的灯。托马斯最喜欢那款透明的玻璃灯，它的灯罩是浅浅的蓝绿色。这总让他想起海滩上的海玻璃。

罗丝看起来非常亲切，她认真倾听他们的话。听完后，罗丝知道托马斯的问题出在哪里了，她告诉托马斯，托马斯是有点社交恐惧了，这是十分常见的问题，有很多人都遇到过这个问题，有的是跟托马斯一样的孩子，有的是成年人。

"我们感觉自己在接受别人的评判。"罗丝说，"当人们感到自己在被别人评判时，谁都难以放松下来。"

托马斯觉得罗丝的话非常对，他说："我也放松不下来。尤其是当我在大家面前做事情的时候，我就会感到很尴尬。"

"是什么让你感觉很尴尬呢？"罗丝温和地问道。

"我想……我会不会看起来很傻。我会不会说错什么话或者做错什么事情。我的脸会不会又变红了，我说话的声音是不是不好听。"

罗丝说："这些想法都会让你紧张不安。那你会怎么做呢？"

"我会感到很紧张，然后就什么也不敢说了。"托马斯轻轻地说。

"我能理解你。其实，这些想法很多人都有。告诉你一个好消息，你是可以解决这些问题和烦恼的。"

得到了罗丝的理解和支持，托马斯松了一口气。

"我会帮助你的，我们一起做一个'工具箱'，把许多能够帮助你的方法放进去吧。"

托马斯觉得罗丝的建议真不错，当他紧张不安的时候，他就能用这些方法来帮助自己了。

"现在，你可以仔细想想……"罗丝提示道，"当你做事的时候，你是否经常会遇到真正让你尴尬的事情呢？"

托马斯耸耸肩。"我也不知道，有时候会有，不过可能也不太多。"他猜道。

罗丝说："所以让你尴尬的事情可能会发生，但实际发生的并不多。"

托马斯想了想说："我想不是这样子的，可能是因为很多事情我不敢尝试。"

"如果你真的做了让你感觉不好意思的事

情，比如犯了错误，或者看起来很傻，你认为
会怎么样呢？"罗丝继续问道。

"大家可能会不喜欢我。"托马斯低声道。

罗丝接着问："你见过别人遇到了尴尬的事
情吗？"

托马斯想了想，他没有马上想起来。后
来，他想起了一件事。

"凯文在去黑板前做题目的时候，绊了一
跤，有些同学都笑了。"

"那你觉得他会怎么样呢？"罗丝继续
问他。

"其实，也没什么大不了的。我想他的脚
可能被椅子绊了一下。对了，蒂姆有时候说话
结结巴巴的。"

"蒂姆是你的朋友吗？"

"是的，他是我的好朋友。"

"当他结巴的时候，你会怎么评价他呢？"

托马斯照旧耸了耸肩，说："好像也没什

么，就跟平时一样。"

"那么，你还是会喜欢跟凯文和蒂姆在一起吗？"

"当然了。但是，我跟他们不一样，如果我也那样子做，别人可能会不喜欢我。"

罗丝说："你是不是认为，别人会更加仔细地看着你。"说完，她拿起桌子上的一个放大镜，透过镜片看着托马斯。罗丝的眼睛看起来比实际大了十倍。

托马斯笑了。他明白了罗丝的意思。可能他之前的想法对别人是有点不公平的，总是想不好的一面。他无奈地耸了耸肩膀。

"如果他们没有明确给你一个理由，让你相信他们会仔细关注你，那么也许他们就不会这么做的。其实，大多数人都跟你一样，不会一直关注着别人。"罗丝解释道。

托马斯想了想罗丝的话。虽然他觉得罗丝的话有道理，但是他还是很难相信她的话。

罗丝把放大镜递给了托马斯，告诉他："当你认为别人关注你的声音、你说的话或者做的事情时，他们可能真没有关注这些。"

托马斯妈妈这时候想起来之前参加聚会的一件趣事。"当时一群人正在草坪上练瑜伽，我也加入其中，但我没有穿专门的瑜伽服。在做下犬式动作的时候，我突然听到一声响亮的'刺啦'声，我发现我的裤子从后面裂开了。"

托马斯认为这是世界上最糟糕的事情，他

想不出还有比这更尴尬的事情了。"您有没有马上跑掉？"

"我愣了一小会儿，感觉很不好意思，然后我只是笑了笑。"回想起这件事，托马斯妈妈又笑了。

托马斯无法想象这种场合下还能笑得出来。如果他也遇到了这种事情，他觉得自己就像个傻瓜一样。"那别人是什么反应呢？"

"有一些人也哈哈笑了，但大多数人还是专注地练瑜伽。"

托马斯想了想，如果别人嘲笑他，他会特别难过的。

"其实也没关系的，我自己也觉得很好玩。"托马斯妈妈说，"当时有几个女孩还把发生在她们身上的尴尬事情告诉了我，其中有一个女孩说，她有一天上学穿了一只黑色鞋子和一只棕色鞋子。我意识到，其实并不是只有我才会遇到尴尬的事情。然后我的朋友跑回家，给我找了一条裤子让我换上。我在接下来的聚会中玩得很开心。"托马斯妈妈说完觉得好玩，笑着问托马斯："你会嘲笑我吗？"

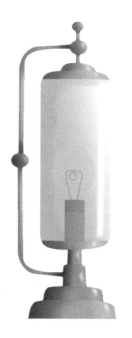

"当然不会啦。"听了妈妈的这件事，托马斯反而觉得跟妈妈更亲近了。

罗丝对托马斯说："你可能会觉得发生在妈妈身上的这件事简直太糟糕了，但其实，有时候发生的这些事情并没有什么大不了的，就像凯文绊倒或者蒂姆口吃一样，都是很正常的事情。你认为在别人眼里自己是很奇怪的，可是，你不是别人，你不会知道别人内心的想法。"

"是这样子的。我也觉得没什么大不了的。如果别人遇到了尴尬的事情，我也会这么想。"托马斯松了一口气说。

托马斯比之前放松了一些。他知道，除了自己，没有人会时刻关注着他。他想象着把这个超级大的放大镜放进他的工具箱里，这可是他的第一个工具，他给这个工具起了个名字叫作——放大镜。

第三章

多米诺骨牌：
想法、感觉和行为

罗丝接着说："我们的想法、感觉和行为就像一场多米诺骨牌游戏。第一张多米诺骨牌是一种想法，第二张多米诺骨牌是一种感觉，第三张多米诺骨牌是一种行为。每一张多米诺骨牌都会倒向下一张。砰，砰，砰！

"我们举个例子。我正在学习打网球，可是我一下子就把球打出场地外面了。这时候，我会想，犯错也没什么大不了的。这是第一张多米诺骨牌，砰！这个想法会让我感觉好一点，这是第二张多米诺骨牌，砰，砰！接下来我会更加努力去练习打球，这是第三张多米诺骨牌，砰，砰，砰！

"社交恐惧的产生其实也是一样的，不同的多米诺骨牌会把你引向不同的方向。举个例子，当我在学校学习一门新的舞蹈时，我想，我跳得不好，砰！这让我感觉有点紧张焦虑，双手冒汗，砰，砰！接下来我就一点也不想继续学习跳舞了。砰，砰，砰！

"社交恐惧也是一场多米诺骨牌游戏，如果我不想玩这个游戏了，我应该怎么做呢？"

"想办法不要让第一张多米诺骨牌倒下！"托马斯回答道。

"对！就是改变我们的想法！"

托马斯明白了："我们的想法非常重要，它直接影响了后面的感觉和行为。"他之前从来没有意识到，想法会这么重要。

"是的。就好像下面的侦探，他的想法总是误导他。"罗丝说，"比如，当一只鸟停落在树枝上时，他大喊，一架飞机降落在巨人手臂上了。当彩虹出现在天空时，他大喊，那是世界上最高的桥！不过，他意识到他的想法不对、不合情理——飞机不会降落在人手臂上，桥梁也不会高到天上去，他就会检查一下自己的眼睛，发现他需要戴一副眼镜。"

"这样，他就能看清楚了。"托马斯说。

"是的，当他再看的时候，他看到的是可爱的小鸟和美丽的彩虹！他终于松了一口气。"

托马斯笑了。罗丝说："要做一个好的侦探……侦查你的想法是否有意义，是否合理。"

"如何才能做一个好的侦探呢？"

"当你感到焦虑，双手冒汗时，你可以问问自己，'我现在想些什么呢？'我现在想……"

"……别人是不是不喜欢我的声音，或者发现我有点古怪。"

"你可以问问你自己……'这些想法对不对？别人会那么仔细地盯着我看吗？'"

"应该不会吧。"

"然后你可以把这个想法换成一个更加现实的想法。"

托马斯明白了，他说："是不是应该这样子想，当我在数学小组上发言时，乔伊和鲍勃认为我的声音听起来很滑稽。这是一个关于乔伊和鲍勃的有趣想法。"

"对，你现在问问自己，这个想法符合现实吗？"罗丝说。

"让我想一想……这个想法不现实，因为乔伊和鲍勃很聪明，对人也很友善，他们以前从来没有说过我的声音不好听。"

"还有吗？更真实一点儿的想法是什么呢？"罗丝接着追问托马斯。

"乔伊和鲍勃可能正在考虑其他事情……比如，大家一起努力解答数学题目，大家都很高兴。他们可能根本没有注意到我的声音。"

"你说得真棒！"罗丝说，"现在的想法让

你感觉怎么样呢？"

"我感觉好多了。"托马斯说。他为自己感到骄傲，也有点兴奋。

"'注意你的想法'是一个非常重要的工具，你可以把它放进你的工具箱里。"

"我就叫它'多米诺骨牌'吧！"托马斯说。他的脑海里浮现出一张巨大的多米诺骨牌撞倒了另一张多米诺骨牌，发出"砰"的声音。"但是……如果我还是不能控制自己的想法呢？"

"一个优秀的侦探会测试自己的想法是否正确，对自己是否有益。"

"所以……我还是可以坚持自己的想法，看看接下来会发生什么？"

"没错！如果你不得不去猜测，你认为会发生什么事情呢？"

"可能并不会发生不好的事情——就像飞机不会停留在巨人的身上，桥梁也不会高到天上去。"

"你会发现，现在的你就是非常棒的！"

"即使我感到害羞，甚至不知道跟别人说些什么？"

"是的！害羞也没什么，我们很多人都会有害羞的时候。"

"即使我脸很红？"托马斯还是有一点担心。

"没错！大多数人认为脸红也没什么大不了的，不一定是坏事情，事实上，很多人并不会想那么多。"

托马斯想了想说："我在想，我的恐惧可不是值得信赖的好朋友，它们让我觉得自己出了问题，事实上并没有那么严重……让我好像在放大镜下一样，实际上并没有放大镜。"

"你现在是一名优秀的侦探了！"罗丝说。

第四章

完美的面包师

有一天，托马斯又来找罗丝。罗丝问他："你想不想听一个完美面包师的故事？"托马斯很感兴趣，赶紧点点头说愿意。

"有个面包师特别厉害，他做的甜点特别美味，尤其以制作馅饼、蛋糕和饼干而闻名。他做的松饼、布朗尼蛋糕和奶油冻也很棒，他还会做漂亮的马卡龙和花色小蛋糕。他做的脆皮馅饼和松软蛋糕都获得过大奖，就连他设计的甜品也因为漂亮别致而获得了大奖。他做的任何甜点看起来都很完美。可实际情况是，并不是他做的每个蛋糕都蓬松柔软，有的蛋糕会像砖块一样硬。他每周至少有两次会把焦糖烤糊，他也知道，焦糖很容易烤糊。

"面包师可不想让顾客知道他也会犯错。有一次，他做了很多姜饼小人，可是姜放多了，他只好把它们全扔了；有一次，他做纸杯蛋糕时，巧克力放多了，他又把它们全扔了。幸运的是，没有人看见过他犯错。可是，他还是会有压力，会感到焦虑。

"然后，有一天，世界上最糟糕的事情发生了。这天面包师太忙碌了，一大群顾客从面包店的门口排到了大街上，面包师忘记他的饼干已经在烤箱里很久了。"

"这也不算最糟糕啊！"托马斯说。

"但是对面包师来说，这就是最糟糕的事情了。当顾客正在祝贺面包师最近荣获的甜点大奖时，面包师闻到了一股饼干烧焦的味道，他抓起烤箱手套，冲向烤箱，可是已经太晚了，一些饼干的边缘已经有点烧糊了。他想这些饼干不好吃了，他准备把这些饼干扔到垃圾桶里。

"面包师正要把这些饼干扔掉的时候，他的顾客们喊道，'等等，我们现在还在等面包，我们能尝尝这些饼干吗？'

"面包师害怕让顾客吃到这些饼干，因为他们会认为他不是一个优秀的面包师。他犹豫了一下，自言自语道，'他们尝过这些饼干后，也许以后再也不来吃我的面包了'。当顾客们又一次提出要吃这些饼干的时候，面包师不得不答应顾客的要求了，他不情愿地把饼干放到漂亮的盘子里，当作样品给顾客们品尝。当他

看到顾客吃饼干时，他的心跳加速，双手颤抖。

"'味道还不错啊，谢谢您！'顾客们对面包师说。

"'但是，它们不是我能烤制的最好饼干啊！'面包师给大家解释道。

"'虽然它们不是你能烤制的最好饼干，但是它们的味道也不错。'

"'啊？'面包师简直不敢相信自己的耳朵。"

"面包师认为顾客会因为他犯错而对他很失望。"托马斯说，"但是，他们并没有这么做。"

罗丝说："是的，因为他们知道，他只是犯了错而已，这些小错误不能否定他是一个优秀的面包师。"

"他仍然是一个出色的面包师，一个善良的人，他的一切都不能因此而被否定。"托马斯也赞同罗丝的话。

"这件事过后，面包师的心情彻底放松了，也找回了丢失的快乐心情。当他犯错时，他不会再像以前那样紧张担心了，他知道顾客总是会回来买他的甜点。

"今天，我们学到了一个新的工具——每个人都会犯错。"罗丝说。

"我给这个工具起了个新名字，就叫它'没有人是完美的'。"托马斯说。一想到面包师头上戴着的那顶与众不同的帽子，他就想起来这个工具了。

第五章

做自己就好

"其实，有时我们小小的不完美也可以是好事情，甚至非常棒！"罗丝说，"有个小女孩叫艾莉，她出生的时候耳朵就有点特别，两只耳朵都向外突出。身边的人都说，'你跟你爸爸的耳朵一样'，艾莉觉得自己有世界上最好的爸爸，她喜欢自己有像爸爸一样的耳朵，周围人的话让她感觉自己很漂亮。

"'你会像我一样，听力特别好！'爸爸有时候开玩笑地对艾莉说。听了爸爸的话，艾莉高兴地笑了。

"可是，有一天，身边的小伙伴们给她起

了绰号，叫她'大象耳''小飞象'。艾莉再也高兴不起来了，她觉得很尴尬。她想一定是因为自己的耳朵太丑了，她再也不喜欢自己的耳朵了。"

"啊，这真是太糟糕了！"托马斯说。

罗丝说："所以她刻意留起了长头发，有时还会戴上帽子，这似乎奏效了，别人再也留意不到她的耳朵了。艾莉却并不高兴——她总是担心自己的耳朵会露出来，可是内心深处，她又很想露出来自己的耳朵。

"有一天，她发现自己可以像爸爸一样让耳朵动起来，'哇，这也太酷了吧！'艾莉想。她展示给最好的朋友看，朋友说，'我真希望我的耳朵也能像你这样子'。这让艾莉一整天都非常高兴。但是，当她展示给别的小伙伴看的时候，有的小伙伴还是会笑话她，这让她很难过。"

"她的心情真是一会儿好，一会儿坏啊……"托马斯感叹道。

罗丝说："……别人的看法会影响她的心情。

"最后，艾莉都不知道该怎么办了，所以她把小伙伴们的话告诉了妈妈。让她惊讶的是，妈妈耸了耸肩，好像这并没有什么大不了的。妈妈对她说，'如果你去问一群人是否喜欢意大利面和肉丸，我敢打赌，肯定有人说喜欢，有人说不喜欢。这个取决于个人喜好'。"

"说得好！"托马斯不由自主地说。

"是的，妈妈的话让艾莉意识到，别人怎么看待她的耳朵是别人的问题，而不是她的问题。只要她喜欢自己的耳朵就行了，她再也不用担心别人的想法了。她开始把头发扎起来，给自己戴上漂亮的耳环，很少再想这个问题了。"

"我喜欢这个故事的结局。"托马斯说。

"艾莉的耳朵就像我的笑声。"托马斯的妈妈说。

"是的，我妈妈的笑声很大。"托马斯有点不好意思地冲着妈妈笑了笑，"有时候我会觉得很尴尬。"托马斯也承认了这一点。

"哦，我明白了。"罗丝说，"小时候，当我妈妈穿亮粉色的凉鞋时，我也常常会感到尴尬。但是不能因为我们对某件事的想法，来决定它的对错……有时候，想法仅仅只是个想法而已。"

"这样看来，我的笑声也没有必要非得分

出是对还是错！"托马斯妈妈说。

"没错，有些人或事本来就是这样子的。"罗丝说，"你还能想出其他类似的例子吗？"

"我的朋友凯琳有一头卷发，一缕一缕的那种卷发。"托马斯说，"她说，她生下来就是这样子的，她也无法改变自己的头发。"

"你举的例子很不错！"罗丝说，"我敢保证，她的卷发肯定有自己的想法，不愿意被主人改变。还有别的例子吗？"

托马斯接着举例："还有就是，我的朋友比尔喜欢为儿童兴趣俱乐部和体育比赛做志愿者，他总是很忙！"

"有些孩子就是乐于做志愿者。"罗丝解释道。

"我的朋友帕特里克就很害羞，他喜欢安静地待着，但是他也很有趣。"

"有些人害羞安静，有些人热闹健谈。"罗丝继续补充道。

"现实如此，是无法改变的。"托马斯也同意罗丝的看法了。他很喜欢跟帕特里克做朋友。

"克里斯需要坐轮椅才能四处走动，但是没有什么事情能困扰他。"

"听起来他是一个病人。"

"是的，他坐轮椅也是没有办法。"

说完这些，托马斯有了一个想法。"我仍然会觉得我的声音听起来很奇怪。"托马斯知道这个想法没有意义，但是他还是会这样子想。

"这是第一张多米诺骨牌。"罗丝提醒他。

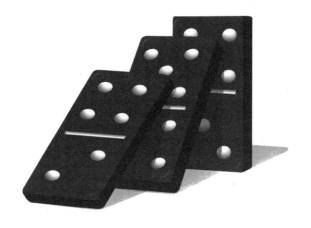

"这个想法让我很紧张，"托马斯说，"然后我就不想说话。"

"你可以告诉自己一个新的想法，真实的想法。"

"我的声音本来就是这样子的。"托马斯说，"另外，没有人会拿着放大镜去看待我的声音。"

"非常好！现在你感觉怎么样了？"罗丝问他。

"我感觉好多了。"托马斯回答道。他喜欢这个新的思维方式，因为它更有意义。不过，他也明白，这种新的思维方式需要不断练习。

他接着举例："莎拉擅长科技方面的知识。"

"她应该很喜欢科技！"罗丝说。

"在这方面，她有时甚至会帮助老师呢。艾德很好玩，他很幽默搞笑，但是，有时老师不得不提醒他别开玩笑了。"

"艾德的幽默也给你带来了快乐。"罗丝说。

"是的，艾德总是让我很开心。蒂姆说话结结巴巴的，但这也没什么大不了的，他可以接受言语治疗。"

列举现实生活中的这些例子让托马斯觉得很有趣，这些人和事本来就是这个样子的，并不是所有的事情都能简单地以好还是坏来区分。这让他想起了开头艾莉的耳朵。"我可以把这个工具叫作：做自己就好。"

托马斯忍不住继续举例子："查德总是用电脑打字，因为他的字写得不好看。还有布莱恩……总是唱歌。"

"做自己就好！"罗丝和托马斯异口同声道。

托马斯笑了，紧接着他知道自己脸红了。他赶紧把脸扭到一边，说："看见了吗？我的脸又红了，这真是糟糕的事情。"

罗丝给他提了一个建议："当你脸红的时候，尽量不要隐藏它，你继续做你该做的事情。只要你不在意它，它就会自动消失了。"

第六章

冲　浪

这一天，托马斯和妈妈一起来找罗丝聊天，告诉她最近发生的事情。

"昨天我跟妈妈一起去餐馆吃饭，我要点餐的时候，感觉太紧张了。"托马斯告诉罗丝，"我能感觉到我的心怦怦直跳。"

罗丝表示很理解托马斯的感受："你不会一直感到紧张的。实际上，我们的感觉会随着我们的想法而起伏变化，就像海洋中的波浪一样。这种紧张的感觉会像波浪一样涌上心头，也会慢慢滑落下去。"

托马斯脑海中浮现出一排排海浪涌向海

岸，之后又退回大海的画面。

"在你感到紧张的时候，比如你自己点餐，你继续做该做的事情就行。"

"即使我的心怦怦跳，脸也很红？"

"是的，你要提醒自己，你能做到，这种感觉不会长久的，很快就会过去。"

"就是想象着我在冲浪，直到海浪消失。"

"没错！当你下次再遇到类似情况时，你可能就不会那么紧张了。再过一段时间，那些曾经让你感到紧张的事情，可能再也不会让你感到紧张了。"罗丝解释道，"这就像运动员通过艰苦的训练来提高体能和耐力一样。举重运动员必须先举起10千克才能举起100千克，运动员必须先能跑完四分之一千米才能跑完一千米。"

托马斯意识到，自己要想变得坚强，必须敢于直面让他感到紧张恐惧的事情，而不能选择逃避。

"刚开始克服紧张感真的很困难，"他说，"也许是最难的事情。"

罗丝理解托马斯的困难，她说："不过，随着你的努力，你会发现自己越来越棒，越来越容易克服困难。"

罗丝的话很有道理。

"紧张焦虑的时候继续做该做的事情，这又是一个解决问题的方法。"托马斯说，"我给它起个名字，就叫它冲浪吧！"说完，托马斯想象着自己脚踏冲浪板在大海上冲浪，冲向海滩。

罗丝点点头说："冲浪会提醒你，你的紧张焦虑只是暂时的。"

罗丝和托马斯接着聊让自己变得坚强勇敢

的方法，比如，好好睡一觉，吃一些水果、蔬菜等健康食物。

"当我出去骑自行车的时候，我会感到很高兴。"托马斯说，"我就会骑很长时间。"

"这个方法真棒啊！"

接下来，罗丝教大家平静呼吸法。"当我们焦虑的时候，我们的呼吸会变得短促，这会让我们更加焦虑。深吸一口气，平稳呼吸能够让你慢慢平静下来。"

她给大家展示如何进行平稳的呼吸："通过鼻子深吸一口气，感受气息进入腹部，让腹部扩张，然后慢慢地从嘴里呼出气体。"

罗丝接着说："当我们的肌肉紧张时，它也会增加我们的焦虑。"

她教大家另外一种放松方法——渐进式肌肉放松法，即通过关注我们身体的每块肌肉，先绷紧再放松。先从脚开始，然后是双腿，直到手、胳膊和脸。做完这些动作后，他们明显感觉到身体发生了变化。托马斯做完后感觉很轻松。

"你随时随地都能用这些方法，尤其是当你感到紧张焦虑的时候，这些方法都能够给你提供帮助。"罗丝说，"你可以称它们为身体放松法。"

托马斯想象着一个大气球在空中越来越大，就像他深呼吸时的腹部那样。他很喜欢罗丝介绍的身体放松法，以后可以经常用这个方法克服紧张焦虑了。

罗丝问："你准备好用这些新方法了吗？"

托马斯感觉自己准备好了。

"你想从哪里开始呢？"

托马斯想了想，说："以后课堂上只要我知道问题的答案，我就会勇敢举手回答问题。"托马斯知道虽然自己还是会紧张，但是他会坚持去做的。

"这个开头真不错啊！那就从这周开始吧！"

托马斯已经迫不及待地要去试一试了。

第七章

积极尝试

树叶纷纷飘落下来，秋天马上就要过去，冬天即将到来。可是，对托马斯一家来说，从来不会因为天气冷而耽误吃冰激凌的。

托马斯和爸爸从冰激凌店走回家的路上，他对爸爸说："我想到了一个故事。"

"说出来听听吧。"

"从前，有一个小男孩，他每天都会吃冰激凌，但是每次都吃同一种口味的。他走进冰激凌店，点一个巧克力口味的冰激凌，把钱交给服务员，拿着冰激凌离开。这对小男孩来说，是非常容易的一件事，因为他已经做了无数次了。"

"那他真是吃了好多巧克力口味的冰激凌啊！"爸爸说。

"是的，后来他再也不想吃巧克力口味了，他想换换口味，因为还有很多不同口味的冰激凌可以选择，比如香草味、奶油曲奇味、草莓味……"

托马斯爸爸脱口而出："还有奶油山核桃味！"这个口味可是他的最爱。

"对，还有这个口味。冰激凌店里有各种各样口味的冰激凌。可这个小男孩内心深处还是害怕改变口味，他一直担心，万一别的口味不好吃怎么办？虽然他厌倦了巧克力口味的冰激凌，但是为了稳妥，他还是会选择巧克力口味。即使他真正想吃的是草莓口味的。

"终于有一天，他再次走进了冰激凌店。你猜他会选什么口味的？"托马斯问爸爸。

爸爸说："他终于下定决心选了草莓味的？"

托马斯摇了摇头说："没有，他还是买了巧克力口味的冰激凌。"说完，他都忍不住笑了。

"这真是太令人沮丧了！"托马斯爸爸忍不住大声说道。

托马斯接着说："是的，是有点难以接受。不过，他下次去冰激凌店的时候，他注意到，有很多人喜欢草莓味冰激凌。虽然他还是很紧张，但是他鼓起勇气，买了一个草莓味的冰激凌，他迫不及待地吃了一口，果然很好吃，他喜欢这个口味。"

托马斯爸爸说："他终于改变了！"

"是的，他最后还是得到了自己想要的口味！"托马斯说，"他也意识到，要想改变，就得努力去尝试新事物。"

托马斯爸爸听了他的话，点点头说："你说的话有道理！"

"就跟我一样，爸爸，其实我也需要改变自己。"

"你打算怎么做呢？"托马斯爸爸问道。

"其实别人不会一直密切关注着我，我就不用担心了。我可以做很多事情呢。"

托马斯爸爸点头同意，鼓励他说："你可以做更好的自己，你也会变得更加开心。"

"是的，爸爸，我可以的。"

"这真是太棒了！"托马斯爸爸说，"一开始你可能会感到紧张，但是这种感觉很快会消失的。"

"我想，我已经准备好加入冬季游泳队了！"托马斯比之前更有信心了。

　　"我敢保证，这个活动肯定很有意思的！"托马斯爸爸再次鼓励他。

　　"万一我不喜欢这个活动，怎么办？"砰！托马斯又有点担心了。

　　"那也没关系啊，只要你去尝试了，我还是为你感到骄傲的。"

　　"万一我得不了第一，怎么办？"砰！托马斯很害怕让爸爸感到失望。

　　"如果你总是得第一，我会感到非常惊讶，因为有些人会比你游得快，也会有些人比你游得慢。"

　　托马斯很惊讶，原来爸爸一点都不在乎他能否得第一。爸爸只是希望他玩得开心。

　　"万一我游泳姿势很难看，怎么办？"托马

斯说。砰！这是托马斯最担心的问题了。

"你真的认为这是一个很重要的问题吗?"托马斯爸爸问。

托马斯想起来罗丝说的"放大镜"，他马上提醒自己，没有人会那么仔细地看着他。

"可能不是个重要问题。"砰！"我就是这样游泳的，我该怎样游泳就怎样游泳。"

"好！"

用了以前学到的方法解决了问题，托马斯为自己感到骄傲。

"我想这周在学校要积极举手回答问题！"

"你肯定能行的！"

"我也觉得我能行！"砰！

托马斯觉得自己的这个想法非常好，他喜欢积极参加课堂活动。

"儿子，爸爸一直为你感到骄傲！"

第八章

从现在开始改变！

早上，在上学的路上，托马斯告诉比尔，他要在课堂上积极努力地回答问题。比尔鼓励他说："你肯定能行的，班里同学都认为你特别棒，你是班里最聪明的人之一，尤其是数学方面。"

托马斯并不是每次都能做到，因为有时候他还是会有点担心。

"老师说，只要我准备好了，她就会让我回答问题的。"

"那真是太棒了。我明天就要报名参加游泳队了。肯定很好玩！"比尔虽然很想让托马斯参加游泳队，但是他认为托马斯估计不会参加。

"我也报名！"托马斯有点紧张，也有点兴奋。他想，参加游泳队肯定很有趣。

砰！

听到这个消息，比尔说："我太高兴了！"他俩举手击掌！

"我也是！"

*　　*　　*　　*

老师正在检查昨晚的数学作业，她准备抽三名学生去黑板前展示自己的作业。

托马斯勇敢地把手举起来。他练习使用平静呼吸法，通过鼻子慢慢地调整呼吸。老师点到了他。托马斯走到黑板前，他感觉到心在怦怦跳，手也有点颤抖，但是他控制住了自己的恐惧，平静呼吸真的很有帮助。他把数学问题解答在黑板上，然后该给同学们讲解数学题目。

他脑海里浮现出以前焦虑担心的想法："我站在这里看起来是不是很傻！"砰！他告诉自己一个新的想法，一个真实的想法："如果别人站在这里，看起来肯定跟我是一样的！"砰！他的感觉好多了。

他一边指着黑板上的数学题目，一边给大家讲解思路。指着黑板上的数学题目转移了他的注意力，这对他也很有帮助。

托马斯的脑海里又出现了一个焦虑的想法："我的声音是不是听起来很滑稽？"砰！他告诉自己一个新的想法，一个真实的想法："我敢保证，没有人会在乎我的声音。"砰！他看了一下同学们，大家都在认真听数学题。他的感觉好多了。

托马斯讲完后，凯文问了他一个小问题。托马斯知道这个问题，他很顺利地解答了。托马斯回到座位上坐下来，他感到自己松了一口气，当然，也为自己感到骄傲。"我做到了！"虽然他的手还是有点颤抖，有点汗，但是没关系。令托马斯感到惊讶的是，积极回答老师的问题居然……真的很有趣！

"谢谢托马斯！"老师说，她感谢托马斯给大家带来的帮助。

托马斯意识到，刚才他回答凯文的问题时，他居然没有紧张。他没有担心自己的声音好不好听，也没有担心自己看起来是不是很傻，更没有担心别人会怎么看待他。他脑海里一直想的是如何回答凯文的数学题目。这让他发现一个道理：一个人，每次只能专心地做一件事！

这个发现真是太棒了。他的工具箱里又多了一个方法。

"我应该集中精力去思考正在发生的事情，不要去想与现在无关的事情。"托马斯想，"比如，当老师讲课的时候，我要认真听老师讲了什么；当我游泳的时候，我要认真注意我的游泳技巧；当我参加学校的小组活动时，我要认真思考活动主题；当我参加比赛的时候，我要想想参赛的目的。"

如果托马斯把精力都放在考虑正在发生的事情上，那么他就不会担心后面可能发生的事情，或者别人对他的看法。这就像一个能保护他免受焦虑的盾牌。

托马斯迫不及待地想与罗丝和家人分享他的新方法了，他把这个方法称为"关注现在正在发生的事情"。这就像一个钟表，可以帮助他把注意力放在正在发生的事情上。以后，只要他发现自己又在想别人会怎么看他的时候，他就会把自己的想法转移到当下正在发生的事情上。

在教室里，托马斯看到比尔称赞他，为他竖起了大拇指！

托马斯冲比尔笑了笑。他相信自己肯定能够克服社交恐惧，打败它！他有信心，只要他多练习这些方法，他就肯定能行！

砰，砰，砰！

他一定能做到！

如何克服社交恐惧

（美）伊丽莎白·麦卡勒姆　心理学家

在这本书中，托马斯对于参加日常社交活动非常焦虑和恐惧，这些感觉也影响了他的校内和校外活动，让他在任何社交或公开场合说话和做事都感到极度害羞和不自然。这种情绪和行为模式可以称之为社交恐惧。在书里，托马斯和心理治疗师罗丝一起，打造了一个克服社交恐惧的工具箱，这个工具箱里有很多技巧和方法，对克服社交恐惧非常有效。如果你也害羞，有社交恐惧烦恼，那么你也可以学习和运用这些方法，就像托马斯一样。

社交恐惧

有时感到焦虑是很正常的，可是，如果你极度焦虑或者一直焦虑，影响你做你喜欢的事情时，焦虑就成为了你成长的障碍。社交恐惧是一个术语，通常用来描述一个人不愿意参加日常社交活动，他害怕别人评价自己，也担心自己的行为会带来尴尬。

通常，有社交恐惧的人与家人或者亲密朋友互动是没有任何困难的，但是他们在结识新人，在公共场合或者不熟悉的场合发言通常会非常焦虑。此外，社交恐惧也不同于普通的害羞。害羞的人在面对新朋友或者不熟悉的人时会感到紧张，但是他们并不会像有社交恐惧的人那样，完全回避这种情况。

战斗或逃跑反应

每个人都有感到焦虑或害怕的时候。事实上，在某些情况下，我们感到焦虑对我们也有帮助。我们的身体和大脑天生就会感到焦虑，并对这些感觉做出反应，这是战斗或逃跑反应的一部分，这为我们在危险即将来临时迅速采取相应的行动做好了准备。

战斗或逃跑反应是一种内置的大脑反应，通过引起某些身体变化来提醒我们有危险，这样我们就可以保护自己。当我们的大脑感觉到危险时，会促使身体释放肾上腺素和其他化学物质，让身体发生许多变化，比如心跳加速，呼吸急促，瞳孔放大，冒汗，甚至起鸡皮疙瘩，这些都是战斗或逃跑反应的部分反应，告诉我们时刻做好准备，因为我们可能正处于危险之中。

很久以前，当原始人遇到狮子、老虎或熊

等大型肉食动物或类似危险时，战斗或逃跑反应就非常重要。原始人遇到这些动物，战斗或逃跑反应会马上激发他的身体反应，让他要么聚集力量对抗这些动物，要么就赶紧逃跑。

今天，虽然我们与祖先担心的事情不同，但是战斗或逃跑反应仍然能够帮助我们远离危险。跟我们的祖先一样，如果我们的身体无法通过感到恐惧来提醒我们面临危险，我们在当代社会也无法活下去。我们可能会走入车流，走进敞开的电梯井，吃变质的食物。可以肯定的是，我们的恐惧感对阻止我们做一些危险的事情是非常有用的。

没有真正危险时也焦虑

当一个人有社交恐惧，或者有任何类型的焦虑问题时，他往往在根本没有真正危险的情况下，也会感到焦虑。在这种完全没有必要焦虑的情况下，他的战斗或逃跑反应会过于频繁和强烈地被激活。他的身体反应（心跳加速，冒汗，呼吸急促）可能会非常强烈，这种情况，就好像他真正处于危险之中。此时，他也会有多种相关的情绪，如恐惧和焦虑。

有社交恐惧的人大多数都会担心自己的社交表现。他往往会认为自己有一个"假想观众"，别人就像他自己一样，密切关注着他的一举一动。他也往往比一般的人更难为情，极度害怕被别人评判。书里的主人公托马斯就是这样子的，他非常在意别人对他的看法，这些担忧让他无法参加一些他非常喜欢的有趣活动。比如，当他在课堂上回答问题时，他担心自己的声音不好听；参加游泳队时，他担心自己游泳姿势笨拙难看。虽然他不会密切关注他身边的小伙伴，哪怕他们犯错或者表现很糟糕，但是他还是坚信别人在密切关注着他的每一个表现。

社交恐惧如何影响生活

如果你有社交恐惧，你已经体会到，总是担心别人对自己有各种各样的看法是一件令人无比烦恼的事情。这种担心会阻止你参加有趣的活动，比如，你想参加社团活动或者球类比赛，可是你又担心可能会发生很多尴尬的事情，你也许就不参加这些活动了。这就好比是螺旋效应，因为担心可能会发生不好的事情，你决定不去参加社交活动，也就无法在社交活动中获益，比如建立和维护友谊，获得快乐的体验、学习的机会等。你也会因为没有参加这些活动而失望难过。

对于大多数孩子来说，上学期间非常适合培养社交能力。孩子们每个工作日都要在学校与同学和老师沟通交流。读到这里，你可能已经了解了（或者已经能够猜出来），对于面临社交恐惧挑战的孩子而言，上学期间就已经有社交恐惧的苗头，就像书中的托马斯一样。有社交恐惧的孩子常常不愿意参加学校的活动，不敢在课堂上回答问题，即使知道问题的答案。社交恐惧会影响孩子上课的效果，也让他不敢积极回答问题，从而得不到老师的表扬和鼓励，并且掩盖他学业上可能需要老师帮助的薄弱之处。

如何克服社交恐惧

克服社交恐惧不容易，但并不是做不到，尤其是有了他人的帮助。治疗师（就像本书中的罗丝）可以帮助有社交恐惧的人学会识别自己身体的战斗或逃跑反应，根据具体情况更加准确地理解和应对焦虑；治疗师也会帮助这些人学习和掌握克服社交恐惧的各种方法。托马斯把这些方法都想象成了"工具"，把它们都放进了"工具箱"里。如果你想克服社交恐惧，托马斯的这些方法对你非常有帮助。下面，我们就具体学习这些方法。

1. 放大镜

有社交恐惧的人经常感到别人会关注和评价他说的每一句话，做的每一件事。放大镜的意思是说，其实没有人会一直仔细地关注你。如果你掌握了这个方法，内心就能放松下来，在别人面前也更加轻松自由。

2. 多米诺骨牌

多米诺骨牌的意思是说，我们的想法会影响我们的感觉，我们的感觉又影响我们的行为。

托马斯认为他的声音很奇怪，同学们会嘲笑他，这种想法让他感到焦虑，身上冒汗，他都不敢举手回答问题。一旦他把自己的想法改变成一个更加实际的想法（同学们不会认为他的声音奇怪），他的焦虑就减少了不少，这也让他敢在课堂上举手回答问题了。所以，想法、感觉和行为……就像多米诺骨牌一样。

3.没有人是完美的

对于有社交恐惧的孩子来说，当众犯错误好比世界末日。一旦你知道这个世界上没有人是完美的，你就能明白，即使你在大众面前犯错了，你的生活也会继续下去。要知道，每个人都会犯错误，犯错也没关系。事实上，很多时候，唯一注意到你犯错的就只有你自己。

4.做自己就好

通过艾莉的故事，罗丝帮助托马斯明白了一个道理，虽然一个人有缺陷，但是她也可以很有趣。学会接受自己，接纳自己的缺陷和不完美，是一件非常困难的事情。我们越能接纳自我，就越能缓解社交恐惧。我们不再担心别人会对我们的不足有看法，甚至会发现它的有趣之处。毕竟，事实就是如此。

5.冲浪

托马斯要学习的最重要的方法之一，是在焦虑的浪潮中"冲浪"。罗丝告诉他，在做一件事情时，即使感到紧张，也要直面恐惧，坚持下去，通常会有意想不到的回报。有时，你坚持直面恐惧和挑战，逼迫自己去做你该做的事情，你的精力就会更加专注于当下的事情上，焦虑自然就会缓解。你越能驾驭焦虑的浪潮，就越能克服焦虑。

6.身体放松法

放松法能够帮助人们放松身体，让身体处于平静状态，从而减少焦虑。对于有社交恐惧的孩子来说，学习和练习深呼吸、冥想和正念技巧是非常有帮助的，特别是在有压力的社交场合之前或者之后练习。

7.关注现在正在发生的事情

这个克服社交恐惧的方法是托马斯自己发现的。数学课上，当他解答凯文提出的数学问题时，他意识到自己并没有紧张和焦虑，因为他的全部注意力都放在了数学问题上。一次只专心地做一件事情，把精力放在正在发生的事情上。关注事情本身，不要总是担心害怕可能发生的各种事情。

*　　*　　*　　*

如果你也学会了这些方法，你就可以用它们来打败那些让你产生焦虑和恐惧的消极想法，下一步就是努力尝试这些方法。你可以采取一些新的行动，虽然这可能让你感到紧张不安。

在书中，主人公托马斯决定用他的新方法

来帮助他改变自己的生活，比如加入游泳队，积极举手回答数学问题。他发现，这些新方法的确帮助他减轻了焦虑，也让他更加开心，并为自己的努力和成功而感到自豪。

克服社交恐惧需要不懈努力，多次练习，勇敢面对恐惧，积极尝试新事物。有了这本书的帮助，你也可以像托马斯一样，把这些方法放到自己的"工具箱"里，帮助自己克服社交恐惧。